curiosidad por

LOS TIBURONES DE ARRECIFE DE PUNTA NEGRA

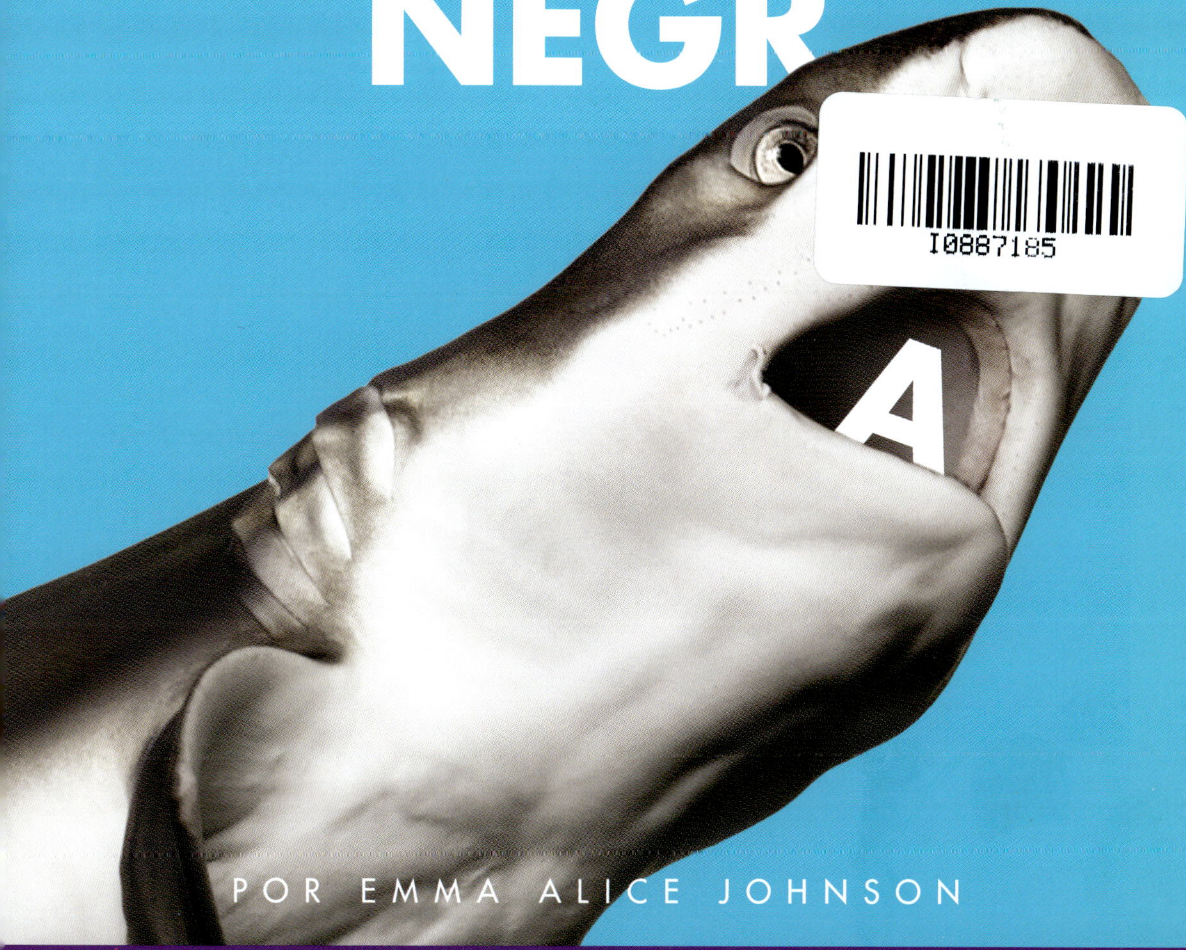

POR EMMA ALICE JOHNSON

AMICUS LEARNING

¿Qué te causa

1
CAPÍTULO UNO
Conoce al tiburón de arrecife de punta negra
PÁGINA
4

2
CAPÍTULO DOS
Caza con tiburones de arrecife de punta negra
PÁGINA
10

curiosidad?

CAPÍTULO TRES 3

Vida en el océano

PÁGINA

16

¡Mantén tu curiosidad! 22

Glosario 24

Índice 24

Curious About está publicado por
Amicus Learning, un sello de Amicus.
P.O. Box 227
Mankato, MN 56002
www.amicuspublishing.us

Editora: Ana Brauer
Diseñadora de la serie: Kathleen Petelinsek
Diseñadora del libro e investigadora fotográfica: Sara Hood

Library of Congress Cataloging-in-Publication Data
Names: Johnson, Emma (Emma Alice), author.
Title: Curiosidad por los tiburónes de arrecife de punta negra / Emma Alice Johnson.
Other titles: Curious about blacktip reef sharks. Spanish
Description: Mankato, MN : Amicus Learning, an imprint of Amicus, [2026] | Series: Curiosidad por los tiburones | Includes index. | Audience: Ages 6–9 | Audience: Grades 2–3 | Summary: "Do blacktip reef sharks hunt in packs? Learn about this intriguing ocean animal in a Spanish question-and-answer book for elementary-aged readers. Translated into North American Spanish. Includes infographics, table of contents, glossary, and index"—Provided by publisher.
Identifiers: LCCN 2024052119 (print) | LCCN 2024052120 (ebook) | ISBN 9798892006828 (library binding) | ISBN 9798892007429 (paperback) | ISBN 9798892008020 (ebook)
Subjects: LCSH: Blacktip shark—Juvenile literature.
Classification: LCC QL638.95.C3 J63818 2026 (print) | LCC QL638.95.C3 (ebook) | DDC 597.3/4—dc23/eng/20241226

Créditos fotográficos: Alamy Stock Photo/Arco / F. Schneider, 2, 14–15, Blue Planet Archive TRO, 2, 4, cbimages, 17, Reinhard Dirscherl, 20, WaterFrame_fba, 8; Dreamstime/Diego Grandi, 12, Isselee, cover, 1, Yann Hubert, 7; Getty Images/M Swiet Productions, 13, Torsten Velden, 3, 18–19, Westend61, 21; Shutterstock/Alessandro De Maddalena, 9 (middle), cbpix, 10–11, Fiona Ayerst, 9 (second from bottom), OHishiapply, 9 (top), Tetsuo Arada, 9 (second from top), Ton Wannilwat, 9 (bottom); The Noun Project/Hey Rabbit, 22, Patricia Lara, 22, Vectors Market, 23, Wahyuntitle, 23; Vecteezy/om1947, 16

Impreso en India

CAPÍTULO UNO

Los tiburones de arrecife de punta negra pueden vivir de 10 a 12 años.

¿Qué tamaño tienen los tiburones de arrecife de punta negra?

COMPARACIÓN DE TAMAÑOS

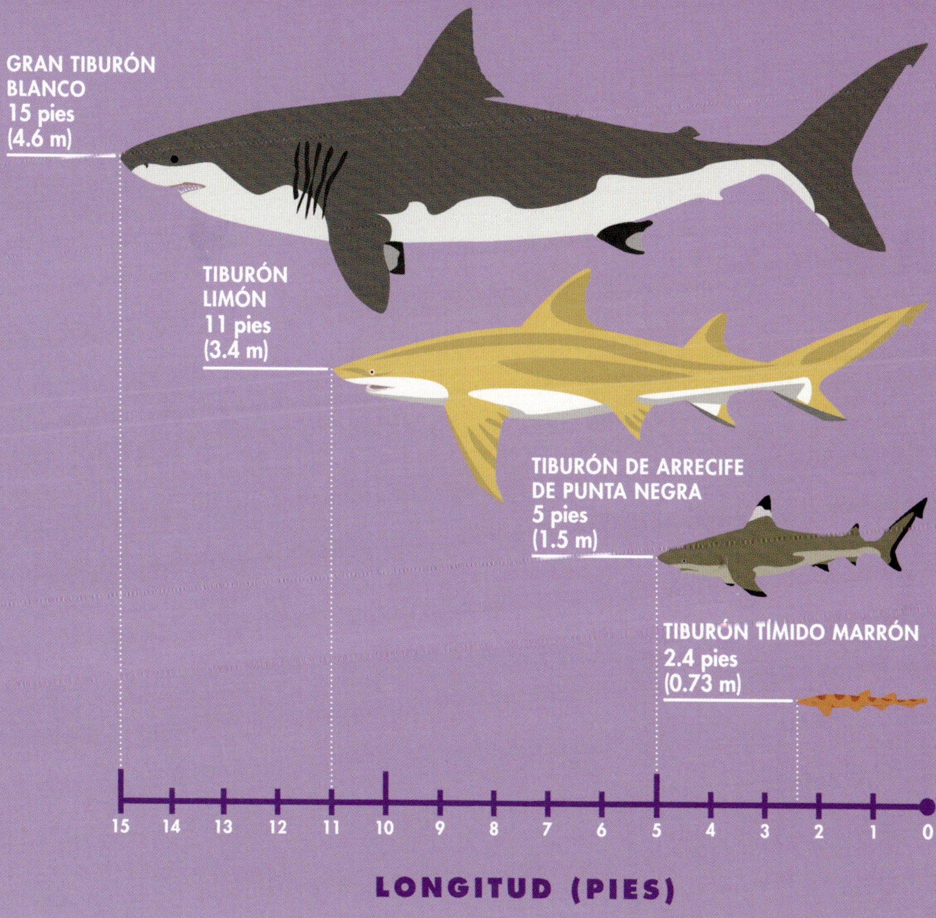

Los tiburones de **arrecife** de punta negra son tiburones de tamaño mediano. Por lo general, miden alrededor de 5 pies (1.5 metros) de largo. Puede que no sean grandes, pero son **depredadores** veloces. Pueden nadar a velocidades de hasta 20 millas (32.2 kilómetros) por hora.

¿Por qué sus aletas tienen las puntas negras?

¡Los científicos no lo saben con certeza! Los tiburones de arrecife de punta negra son grises arriba y blancos abajo. Esta coloración los ayuda a ocultarse. Sus **aletas** oscuras podrían servir para identificarlos. Las puntas negras de los tiburones son todas un poco diferentes. ¡Son como tus huellas dactilares!

Los colores de los tiburones los ayudan a mimetizarse con el fondo del océano.

¿Otros tiburones tienen puntas negras?

Los tiburones punta negra de arrecife a menudo se confunden con los tiburones punta negra oceánicos (en la foto).

Sí. Los tiburones punta negra oceánicos también tienen aletas con puntas negras. Pertenecen a la misma familia que los tiburones punta negra de arrecife. Los tiburones punta negra oceánicos son más grandes. Viven en aguas más profundas. Otro tiburón similar es el tiburón punta blanca. ¡Tienen puntas blancas en las aletas!

TIBURÓN DE ARRECIFE DE PUNTA NEGRA

TIBURÓN DE ARRECIFE DE PUNTA NEGRA

TIBURÓN DE ARRECIFE DE PUNTA BLANCA

TIBURÓN DE ARRECIFE DE PUNTA BLANCA

GRAN TIBURÓN BLANCO

GRAN TIBURÓN BLANCO

TIBURÓN TIGRE

TIBURÓN TIGRE

TIBURÓN NODRIZA

TIBURÓN NODRIZA

CAPÍTULO DOS

¿Cómo cazan los tiburones de arrecife de punta negra?

La mayoría de los tiburones cazan solos. Pero estos tiburones cazan en pequeños grupos. El grupo está liderado por el tiburón más grande. Trabajan juntos para atrapar a su **presa**. Cazan un banco de peces entero. Así, cada tiburón consigue suficiente comida.

Los tiburones de arrecife de punta negra cazan en aguas cálidas y poco profundas.

¿Qué cazan los tiburones de arrecife de punta negra?

Cazan peces pequeños y de colores brillantes. Los tiburones no ven bien los colores. Los peces brillantes son fáciles de ver en los arrecifes oscuros. Comen peces de arrecife como el pez cirujano. ¡Los tiburones también comen serpientes o crías de tortuga cuando tienen mucha hambre!

La caza en grupos mantiene a los tiburones a salvo de depredadores más grandes.

¿Puedo ver un tiburón de arrecife de punta negra cazando?

Sí. Los tiburones cazan en aguas poco profundas. Sacan la aleta **dorsal** del agua cuando nadan. A veces saltan fuera del agua cuando están cazando. ¡Se emocionan con la comida!

Alrededor de los arrecifes de coral viven muchos peces. Allí es donde cazan los tiburones.

CAPÍTULO TRES

¿Dónde viven los tiburones de arrecife de punta negra?

Viven en arrecifes de coral. La mayoría vive en el Océano Pacífico y el Océano Índico. Hay muchos tiburones de arrecife de punta negra cerca de Australia. Les gusta estar cerca de la costa. No les gustan las aguas profundas. ¡Sus presas tienen demasiado espacio para huir!

Distribución del tiburón de arrecife de punta negra

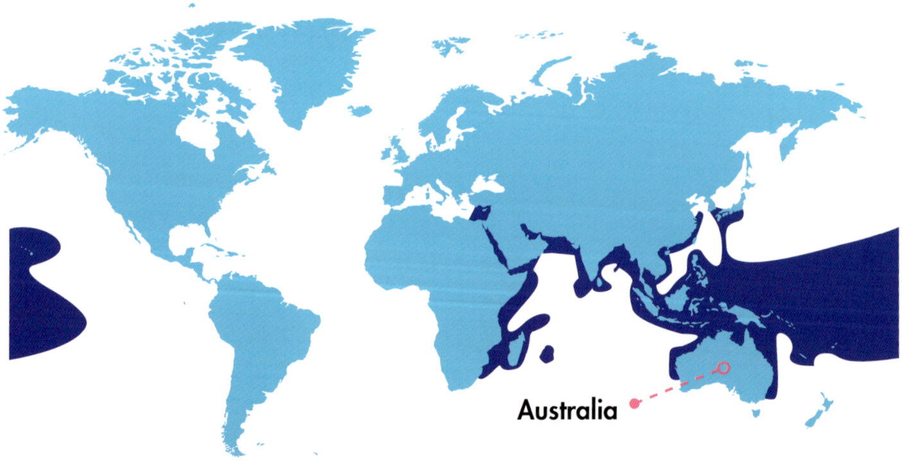

Es posible que veas un tiburón de arrecife de punta negra mientras nadas alrededor de un arrecife de coral.

¿Los tiburones de arrecife de punta negra recorren grandes distancias?

Los científicos pueden rastrear la distancia que recorren los tiburones mediante el uso de etiquetas.

No. Los tiburones de arrecife de punta negra son hogareños. Viven en el mismo lugar durante años. Viven dentro de un rango de menos de 1 milla (1.6 km). Algunas hembras van más lejos para tener crías. Pero casi siempre regresan a su hogar.

¿Están en peligro de extinción los tiburones de arrecife de punta negra?

No. Por ahora están a salvo. Pero puede que no lo estén en el futuro. Los arrecifes de coral que los albergan están muriendo. Esto se debe a la contaminación y al cambio climático. Cuando los arrecifes mueren, los animales que viven en ellos también mueren o se van. Si protegemos los arrecifes, ¡también podemos proteger a estos tiburones!

¿SABÍAS QUE...?

Los arrecifes de coral albergan el 25 por ciento de toda la vida marina.

La sobrepesca de las presas de los tiburones también los pone en riesgo.

¡MANTÉN TU CURIOSIDAD!

HAZ MÁS PREGUNTAS

¿Cuántas crías tienen los tiburones de arrecife de punta negra a la vez?

¿Cuál es el mejor lugar para ver tiburones de arrecife de punta negra?

Prueba con una PREGUNTA GRANDE: ¿Qué se está haciendo para proteger los arrecifes de coral?

BUSCA LAS RESPUESTAS

Busca en el catálogo de la biblioteca o en Internet.
Pueden ayudarte tus padres, un bibliotecario o un maestro.

Usar palabras clave
Busca la lupa.

Las palabras clave son las palabras más importantes de tu pregunta.

Si quieres saber sobre:

- crías de tiburón de arrecife de punta negra, escribe: CRÍAS DE TIBURÓN DE ARRECIFE DE PUNTA NEGRA NEGRA
- dónde encontrar tiburones de arrecife de punta negra, escribe: UBICACIONES DE TIBURONES DE ARRECIFE DE PUNTA NEGRA

GLOSARIO

aleta Parte triangular del cuerpo de los peces que los ayuda a nadar.

arrecife Una cresta de rocas o arena cerca de la superficie del océano.

coral Un pequeño animal que vive en las rocas bajo el agua.

depredador Un animal que caza otros animales para alimentarse.

dorsal La parte posterior o superior de un animal.

presa Animal al que cazan o matan para comerlo.

ÍNDICE

aletas, 6, 8, 9, 15
alimento, 11, 12, 15
arrecifes de coral, 15, 16-17, 20
caza, 11, 12, 13, 14-15
distribución, 16, 19
grupos, 11, 13
tamaños, 5

Acerca de la autora

Emma Alice Johnson vive en una granja en el bosque. Cultiva flores y le encantan los insectos. Los abejorros son sus insectos favoritos. Es amiga de un gato, un cerdo y un montón de gallinas. ¡Una vez nadó con tiburones nodriza!